RÈGLEMENT INTÉRIEUR

DE LA

COMPAGNIE

DES AGENTS DE CHANGE

DE PARIS

PARIS

CHAMBRE SYNDICALE DES AGENTS DE CHANGE

6, rue Ménars

—

1891

(3)

RÈGLEMENT INTÉRIEUR

DE LA

COMPAGNIE DES AGENTS DE CHANGE

DE PARIS

—◦◦◦◦◦—

TITRE Ier

Organisation de la Compagnie des Agents de change

CHAPITRE Ier

**Présentation, Réception, Droits et Obligations
des Agents de change**

ARTICLE Ier.

Le droit de présentation appartient à l'Agent de change démissionnaire.

En cas de décès, ce droit est exercé conformément à l'art. 91 de la loi du 28 avril 1816 et à l'ordonnance du 22 mai suivant.

ART 2.

Le dossier de la cession d'un office d'Agent de change se compose des pièces suivantes, qui doivent être remises à la Chambre syndicale :

1° Lettre de démission adressée au Ministre des finances ;

2° Lettre de présentation du successeur adressée au Syndic de la Compagnie ;

3° Acte de vente sous seings-privés, en triple exemplaire ;

4° Déclaration signée par les deux parties, que le prix porté à l'acte de vente est sincère et véritable ;

5° Déclaration en triple exemplaire, signée par les deux parties, relative au règlement et à la liquidation des opérations en cours ;

6° Déclaration signée par les deux parties, relative à la cession des droits dans le fonds commun ;

7° Acte de naissance en double exemplaire ;

8° Attestation, en double exemplaire, que le candidat jouit de ses droits civils et politiques ;

9° Attestation qu'il a satisfait aux obligations de la loi sur le recrutement ;

10° Certificat, en double exemplaire, d'aptitude et d'honorabilité signé par les chefs de maisons de banque ou de commerce, au nombre de six au moins ;

11° Certificat, en double exemplaire, établissant que le candidat a travaillé, pendant quatre ans au moins, chez un Agent de change, dans une maison de banque ou de commerce, ou chez un notaire;

12° Projet de traité avec les futurs bailleurs de fonds intéressés;

13° Pouvoir pour la déclaration de cessation de fonctions.

Toutes ces pièces doivent être établies sur des modèles fournis par la Chambre syndicale.

Les pièces indiquées aux n°s 1, 3, 4, 5, 7, 8, 9, 10, 11, 12, 13, doivent être sur papier timbré.

ART. 3.

Au reçu du dossier, le Syndic nomme un rapporteur, et la Chambre syndicale, sur le rapport de ce dernier, vote, au scrutin secret, l'admission provisoire ou le rejet du candidat. Trois boules noires entraînent la non-admission.

ART. 4.

Le candidat agréé provisoirement s'engage par écrit, devant la Chambre syndicale, à observer fidèlement les règlements de la Compagnie, desquels il déclare avoir pris connaissance. Son nom est ensuite affiché dans le cabinet de la Bourse pendant quinze jours. Outre l'annonce de la transmission de l'office, l'affiche, signée par le Syndic, doit contenir les noms et prénoms de tous les bailleurs de fonds intéressés du candidat, avec la quotité de l'intérêt de chacun. Elle doit provoquer les renseignements de tous les membres de la Compagnie, qui, le délai de quinzaine expiré, sont tenus de donner leur avis par un vote au scrutin secret, dont la Chambre syndicale connaîtra seule le résultat.

La Chambre syndicale vote ensuite, au scrutin secret, l'admission ou le rejet du candidat ; trois boules noires entraînent la non-admission.

Art. 5.

Quiconque s'est immiscé dans les fonctions ou attributions des membres de la Compagnie ne pourra, sous aucun prétexte, devenir Agent de change.

Art. 6.

Le traité relatif à la transmission d'une charge d'Agent de change ne devient définitif entre les parties qu'après avoir reçu l'approbation provisoire de la Chambre syndicale et définitive du Ministre des finances.

Art. 7.

Chaque Agent de change nouvellement nommé verse dans la caisse de la Compagnie une somme de 2,500 fr. destinée à subvenir aux frais de sa réception.

Art. 8.

La réception du nouvel Agent de change se fait de la manière suivante :

La Compagnie étant assemblée, le Syndic invite

les deux membres de la Compagnie désignés comme parrains par le récipiendaire à l'introduire dans l'Assemblée.

Le récipiendaire, ayant été introduit, reste debout en face du bureau, tandis que le Syndic donne lecture :

1° De la lettre d'envoi du Ministre des finances contenant le décret de nomination ;

2° Du décret de nomination ;

3° Du récépissé du Trésor public attestant que le nouvel Agent de change a opéré le versement de son cautionnement ;

4° Du procès-verbal de la prestation de serment devant le Tribunal de commerce, ou d'une lettre du greffier constatant qu'il a été procédé à ladite prestation ;

5° De l'engagement par écrit pris par lui d'observer fidèlement les règlements qui régissent la Compagnie, dont il lui a été donné un exemplaire, ainsi que toutes les décisions de la Chambre syndicale prises ou à prendre.

Le Syndic déclare alors, au nom de la Compagnie, que, toutes les formalités étant remplies, le récipiendaire est reçu Agent de change, et il ordonne que son nom soit inscrit au tableau des membres de la Compagnie.

Art. 9.

Après la réception, la Chambre syndicale procède à l'évaluation du fonds commun dont le chiffre est communiqué au nouvel Agent et à son prédécesseur.

Art. 10.

L'Agent de change qui se retire fait afficher pendant trois mois, à partir de la cessation de ses fonctions, dans l'intérieur de la Bourse, un avis de cette cessation.

Il en fait également la déclaration au greffe du Tribunal de commerce et cette déclaration reste affichée pendant trois mois dans l'une des salles du Tribunal.

Art. 11.

Le délai dont s'agit expiré, il retire un certificat du Syndic et un autre du greffier visé par le Président du Tribunal de commerce, constatant que lesdites affiches sont restées apposées pendant trois mois. Celui du greffier établira, en outre, qu'aucune opposition n'existe sur le cautionnement.

C'est sur la production de ces deux pièces que le Trésor restituera le cautionnement, qui continuera à produire intérêt jusqu'au jour où le remboursement en sera ordonnancé.

Art. 12.

Aucun Agent de change ne peut intenter ni soutenir une action en justice sans avoir préalablement obtenu l'autorisation de la Chambre syndicale.

Art. 13.

Des décisions de la Chambre syndicale déterminent les comptes qui devront être tenus d'une façon uniforme par tous les Agents de change.

ART. 14.

Chaque Agent de change devra faire imprimer sur son papier à lettre qu'il ne se reconnaît responsable que des sommes ou des titres qui sont remis directement à ses caisses, et qu'il n'est engagé par sa correspondance qu'autant qu'elle est signée par lui ou par son fondé de pouvoirs.

ART. 15.

Aucun Agent de change ne peut installer ses bureaux dans une maison déjà occupée par un autre Agent de change.

Cette interdiction ne cesse que lorsque deux ans se sont écoulés depuis le départ du confrère.

ART. 16.

L'Agent de change forcé de s'absenter est tenu d'en prévenir le Syndic par écrit. Son représentant ne doit, sous aucun prétexte, traiter une affaire directement avec un Agent de change

Lorsqu'il a quelque opération à faire, il s'adresse à l'un des membres de la Compagnie, qui exécute les ordres au nom de son confrère absent.

En ce qui concerne la certification des transferts de l'Agent absent, elle pourra, sur une demande écrite adressée à la Chambre syndicale par l'un des fondés de pouvoirs dudit Agent, être faite par l'un des Adjoints de service désigné à cet effet, et comportera le versement à la Caisse commune d'un droit égal au prix du bordereau de livraison au comptant, sans que la perception puisse, en aucun cas, être inférieure à un franc.

La demande de certification de transferts devra être accompagnée d'une lettre d'envoi et d'un bordereau relatant la nature des titres, le nom des titulaires et le montant des capitaux ; le tout suivant le modèle délivré par la Chambre syndicale.

L'Agent de change, à son retour, devra donner à la Chambre syndicale décharge des certifications effectuées pour lui.

En cas de décès d'un Agent de change, l'administrateur provisoire de la charge devra, de la même manière et dans les mêmes conditions, faire certifier les transferts par l'un des Adjoints de service. Il est entendu que, pour ce cas spécial, la Chambre syndicale aura le droit de faire examiner les dossiers par son bureau des transferts.

ART. 17.

Tout Agent de change qui a cessé de faire partie de la Compagnie ne peut y rentrer.

Cependant, si, par suite de circonstances exceptionnelles, un ancien Agent de change se trouvait amené à reprendre la charge dont il était précédemment titulaire, son admissibilité serait soumise à l'agrément de la Compagnie réunie en assemblée générale, et devrait obtenir les trois quarts des voix des membres présents.

Dans ce cas, les années de son premier exercice lui compteront pour l'honorariat.

ART. 18.

Lorsqu'un Agent de change vient à décéder dans l'exercice de ses fonctions, l'administrateur provisoire de la charge fait relever :

1° La situation de la charge ;

2° L'état des rentes ou autres valeurs nominatives qui se trouvent, par suite de transferts d'ordre, au nom du défunt. Cet état, certifié sincère et véritable par le Syndic, est produit à l'Enregistrement, qui le rend après y avoir apposé un visa constatant la dispense des droits.

ART. 19.

En cas de décès d'un Agent de change en fonctions, il est nommé, pour assister aux obsèques, lorsqu'elles ont lieu à Paris, une députation de douze membres, présidée par un membre de la Chambre syndicale.

En cas de décès de l'épouse d'un Agent de change, la députation est de six membres.

En cas de décès du Syndic, la députation sera de quinze membres.

CHAPITRE II

Bailleurs de Fonds

ART. 20.

Les actes qui constatent l'adjonction de bailleurs de fonds intéressés doivent être rédigés d'après le modèle arrêté par la Chambre syndicale. Il en est de même des actes relatifs aux modifications apportées dans la constitution du capital de l'office, dans le personnel des bailleurs de fonds intéressés ou dans l'attribution des parts d'intérêt.

Ces actes doivent être enregistrés, déposés et publiés par extrait, conformément à la loi.

Le délai pour l'enregistrement des actes de société et de cessions de parts est d'un mois de leur date.

ART. 21.

Les actes entre le titulaire et les bailleurs de fonds intéressés ne sont pas astreints à la forme authentique, mais doivent être faits sur papier timbré, en autant d'originaux qu'il y a de parties, plus un pour être déposé à la Chambre syndicale, un autre au greffe du Tribunal de commerce, et un troisième au greffe de la Justice de paix de l'arrondissement où sont établis les bureaux de l'Agent de change.

Chacun de ces originaux doit être signé par toutes les parties ; celui qui est déposé dans les archives de la Chambre syndicale, et qui porte la mention de l'enregistrement, ne doit, en aucun cas, être déplacé.

ART. 22.

Les actes constatant l'adjonction de bailleurs de fonds intéressés doivent mentionner qu'en cas de contestation sur les articles du traité, la Chambre syndicale seule en décidera souverainement, en dernier ressort; les parties renonçant d'avance à l'appel ou à tout autre recours devant les tribunaux, même devant des arbitres, et promettant d'exécuter fidèlement les décisions de la Chambre syndicale.

ART. 23.

Le bailleur de fonds intéressé qui, au mépris de son acte d'association, a voulu saisir la justice des difficultés y relatives, ne peut plus se présenter ni être admis au même titre dans une autre communauté d'intérêts.

ART. 24.

Celui qui est bailleur de fonds intéressé dans la charge d'un Agent de change ne peut, sans l'autorisation de cet Agent, le devenir dans une autre charge.

ART. 25.

Une raison sociale ne peut pas figurer, en qualité de bailleur de fonds intéressé, dans la communauté d'intérêts d'un Agent de change.

Art. 26.

La Chambre syndicale a toujours le droit de s'opposer à l'adjonction de telle ou telle personne comme bailleur de fonds intéressé.

Art. 27.

En l'absence de convention contraire, le bailleur de fonds intéressé reste responsable des opérations effectuées ou engagées au moment de sa retraite.

Art. 28.

Il est tenu un registre contenant, outre les noms des Agents de change, ceux de leurs bailleurs de fonds intéressés, avec le détail de leur part d'intérêt. Ce registre est placé dans le lieu des séances de la Chambre syndicale; toutes les mutations qui surviennent y sont consignées.

Chaque Agent de change a le droit d'en prendre connaissance.

CHAPITRE III

Honorariat

Art. 29.

L'Agent de change qui se retire, et qui remplit les conditions exigées par l'art. 9 du décret du 7 octobre 1890 relatif à l'honorariat, doit en faire la demande par écrit.

Cette demande doit être accompagnée de l'engagement pris par ledit Agent de change de n'accepter aucune fonction et de ne s'engager dans aucune entreprise commerciale ou autre qui serait de nature à porter atteinte, d'une façon quelconque, à l'intérêt ou à la dignité de la Compagnie.

ART. 3o.

Nul ne peut être proposé pour l'honorariat au Ministre des Finances par la Chambre syndicale sans l'agrément de la Compagnie exprimé, au scrutin secret, en assemblée générale, à la majorité des deux tiers des suffrages.

Avant le vote, il est mis sous les yeux de la Compagnie un état des services du postulant.

ART. 31.

Les Agents de change reçus dans la séance ne peuvent, en aucun cas, prendre part à un vote pour l'honorariat.

ART. 32.

Les Agents de change honoraires reçoivent de la Compagnie une médaille d'or sur laquelle sont gravés leur nom et la date de leur nomination; ils sont admis dans le cabinet de la Compagnie pendant les heures de bourse; leur nom est inscrit sur le tableau de la Compagnie.

Ils assistent de droit aux assemblées générales

de fin d'année et à celles convoquées pour la réception d'un Agent de change. Ils peuvent être invités à toutes autres assemblées par la Chambre syndicale, qui les convoquera lorsqu'elle le jugera bon.

ART. 33.

Lorsque les Agents de change honoraires assistent à une assemblée générale, ils reçoivent des jetons de présence comme les Agents de change en fonctions.

ART. 34.

En cas de décès d'un Agent de change honoraire, et après que la demande écrite en a été faite par la famille, il est nommé, suivant l'ordre du tableau, une députation de six membres de la Compagnie, sous la présidence d'un membre de la Chambre syndicale, pour assister aux obsèques, lorsqu'elles ont lieu à Paris.

CHAPITRE IV

Chambre Syndicale

ART. 35.

La Chambre syndicale des Agents de change près la Bourse de Paris se compose d'un Syndic et de six adjoints.

Elle est nommée chaque année, pendant le mois de décembre, par la Compagnie réunie en assemblée générale.

ART. 36.

Dans le dépouillement des scrutins pour la nomination des membres de la Chambre syndicale, le bureau raye des bulletins les noms portés au-delà du nombre qu'ils doivent contenir ; ce retranchement s'opère sur les derniers noms inscrits.

En cas d'égalité de voix entre deux candidats dans le même scrutin, le plus ancien en exercice a la préférence.

Toutes les difficultés qui peuvent s'élever au sujet de l'élection, dans des cas non prévus, sont réglées immédiatement par l'assemblée générale.

ART. 37.

A l'assemblée générale de fin d'année, après qu'il a été donné lecture du compte-rendu de la Chambre syndicale et du rapport de la Commission de comptabilité, le doyen de la Compagnie prend la présidence de la séance et fait procéder au vote pour la nomination du Syndic ; l'élection faite, le doyen en proclame le résultat et cède la présidence au nouveau Syndic.

Lorsque, par suite de décès, de démission ou pour toute autre cause, il y aura lieu de procéder à l'élection d'un Syndic, la présidence de l'Assemblée sera exercée par l'un des adjoints au Syndic, dans l'ordre de leur élection.

Art. 38.

Pour être Syndic, il faut être Agent de change depuis cinq ans au moins, et, pour être adjoint, depuis trois ans au moins.

Les membres élus Syndic ou adjoints ne peuvent refuser, à moins de raisons valables et jugées telles par la Compagnie.

Art. 39.

Le Syndic peut être réélu pendant cinq années consécutives.

Cependant, si le Syndic, qui, à la fin de cette période, ne pouvait pas être réélu, réunit au premier tour de scrutin les trois quarts des suffrages des membres présents, il redevient par là habile à une nouvelle période d'élection de la même manière que s'il y eût eu interruption de ses fonctions, et ainsi de suite par chaque période de cinq années.

Dans la durée des cinq années, on ne comptera pas le temps des élections partielles.

Art. 40.

Les adjoints peuvent être réélus pendant trois ans; deux d'entre eux doivent être renouvelés tous les ans.

La partie de la période triennale, commencée

par un adjoint, compte, pour le roulement, à celui qui est nommé à sa place.

Avant le moment de l'élection, le Syndic fait connaître à la Compagnie les noms des membres dont les fonctions cessent de droit.

ART. 41.

Tout membre sortant de la Chambre syndicale est rééligible après un an d'intervalle, ou à la première élection résultant d'une ou de plusieurs vacances dans la Chambre.

Par exception, le Syndic non réélu peut faire immédiatement partie de la Chambre syndicale.

ART. 42.

La Chambre syndicale s'assemble toutes les fois que le Syndic le requiert, ou que trois adjoints en font la demande.

Le Doyen des Agents de change peut, avec l'agrément de la Chambre syndicale, assister à ses séances et avoir voix consultative.

ART. 43.

La Chambre syndicale juge souverainement et en dernier ressort toutes les contestations qui s'élèvent entre les Agents de change à l'occasion de l'exercice de leurs fonctions.

ART. 44.

Toute infraction aux règlements et usages de

2

la Compagnie peut motiver la citation de l'Agent de change qui l'a commise devant la Chambre syndicale et donner lieu éventuellement à l'application des peines disciplinaires prévues à l'art. 23 du décret du 7 octobre 1890.

ART. 45.

Les membres de la Chambre syndicale doivent garder le secret sur ses délibérations et sur les affaires de la Compagnie.

ART. 46.

Le Syndic, les Adjoints au Syndic, le Doyen, lorsqu'il assiste aux séances, et les Agents de change lorsqu'ils sont appelés à remplir les fonctions d'Adjoints, aux termes de l'art. 18 du décret du 7 octobre 1890, reçoivent des jetons de présence, conformément aux dispositions de l'art. 169.

CHAPITRE V

Des Assemblées générales

ART. 47.

Les convocations pour la réunion d'une assemblée générale doivent indiquer le jour et l'heure de la réunion et mentionner, en outre, les points sur lesquels la Compagnie aura à délibérer.

ART. 48.

Dans les assemblées générales, le Syndic et les membres de la Chambre sont réunis en bureau avec le Doyen.

Le Président de l'assemblée, qui en a la police, expose à la Compagnie les objets en délibération, ainsi que les raisons et les motifs pour ou contre.

Après cet exposé, il ouvre la discussion ; la discussion terminée, chacun vote au scrutin secret par boules blanches ou noires pour agréer ou rejeter la proposition.

Toutefois, le vote pourra avoir lieu par mains levées sur la proposition qui en sera faite par le Président, à moins que le scrutin secret ne soit réclamé par dix membres de l'assemblée.

Selon les sujets en délibération et suivant les dispositions du règlement, la majorité doit être simple, des deux tiers ou des trois quarts des voix.

ART. 49.

La discussion ne peut porter que sur les sujets mis à l'ordre du jour.

ART. 50.

Lorsqu'un membre veut prendre la parole, il doit s'adresser au Président pour l'obtenir.

ART. 51.

Les décisions prises par l'assemblée générale dûment constituée font loi pour la Compagnie entière.

ART. 52.

L'assemblée générale de fin d'année a lieu dans la seconde quinzaine du mois de décembre.

A ladite assemblée, le Syndic donne lecture du compte-rendu des travaux de la Chambre syndicale pendant l'année écoulée.

ART. 53.

Dans les assemblées générales, chaque membre reçoit des jetons de présence, conformément aux dispositions de l'art. 169.

CHAPITRE VI

Des auxiliaires des Agents de change.

ART. 54.

Chacun des membres de la Compagnie doit, sur la demande qui lui en est adressée au moins une fois par an par la Chambre syndicale, envoyer à celle-ci un état des bailleurs de fonds intéressés, commis et employés de toute sorte, attachés à sa charge; cet état devra être signé par l'Agent de change et contiendra :

1° Les noms, prénoms et adresses ;

2° La nature spéciale des fonctions ;

3° Pour les bailleurs de fonds intéressés, la part qu'ils ont dans la valeur de l'office ;

4° Pour les commis principaux et autres, leur

traitement ou le mode de rémunération de leurs services.

Ces renseignements sont recueillis, classés et conservés au dossier de chaque Agent de change au secrétariat général de la Compagnie.

Il doit être donné immédiatement connaissance à la Chambre syndicale de tous les changements qui surviennent relativement aux circonstances exprimées ci-dessus.

Art. 55.

Aucun Agent de change ne peut prendre le fondé de pouvoirs, commis principal ou employé de l'un de ses confrères sans avoir obtenu l'autorisation écrite de celui-ci, ou, à défaut, celle de la Chambre syndicale.

Art. 56.

Le nom du commis principal présenté par un Agent de change à la Chambre syndicale sera affiché pendant huit jours dans le cabinet de la Compagnie, à la Bourse.

Art. 57.

Ce délai expiré, la Chambre syndicale statuera, au scrutin secret, sur l'admission ou le rejet de la présentation qui lui a été faite.

Art. 58.

Les commis principaux sont autorisés à conclure

des négociations entre eux, dans les conditions fixées par la Chambre syndicale.

Ces négociations donneront lieu à l'échange d'engagements comme toutes celles faites par les Agents de change eux-mêmes.

Art. 59.

Les commis principaux sont soumis aux règlements de la Compagnie et à toutes les décisions de la Chambre syndicale.

TITRE II

Négociations et Livraisons

CHAPITRE Ier

Dispositions générales.

ART. 60.

L'Agent de change qui offre doit dire à quel prix il offre ; l'Agent de change qui demande doit dire, en réponse, à quel prix il demande.

Lorsqu'un cours a été coté, chaque Agent de change a le droit de demander par qui et avec qui il a été fait.

ART. 61.

Lorsqu'une erreur est reconnue sur une affaire contractée entre deux Agents de change, le résultat en est partagé ; mais toute affaire écrite par un Agent de change et non écrite par son confrère, concerne seulement celui qui l'a écrite.

ART. 62.

Il est interdit aux Agents de change de faire aucune opération pour toutes personnes remplissant une fonction quelconque dans l'office de l'un de leurs confrères.

Art. 63.

L'affiche prévue par l'art. 70 du décret du 7 octobre 1890 doit mentionner les dates et heures des enchères et surenchères. Elle indique si la vente s'effectuera en un ou plusieurs lots, et, dans ce dernier cas, elle fixe l'importance de chaque lot.

En outre des endroits désignés par l'art. 70, ladite affiche doit être apposée dans le cabinet de la Compagnie, à la Bourse.

Art. 64.

Aux jours fixés par la Chambre syndicale, les enchères annoncées sur les affiches auront lieu à trois heures et demie, au Parquet, par le ministère des Agents de change commis à cet effet, assistés d'un adjoint de service.

S'il y a plusieurs adjudications le même jour, la Chambre syndicale décidera l'ordre dans lequel elles auront lieu.

Art. 65.

L'adjudication provisoire sera prononcée par l'Agent de change vendeur aussitôt que les enchères seront épuisées. Le cours figurera sur la Cote, à titre provisoire.

Art. 66.

Le lendemain, à trois heures et demie, seront reçues les surenchères qui ne pourront être inférieures au sixième.

S'il ne se produit pas de surenchères dans ce
délai, l'adjudication provisoire deviendra définitive; s'il s'en produit, l'Agent vendeur procèdera
à de nouvelles enchères sur la mise à prix fixée
par le surenchérisseur, et les enchères se feront
comme il a été dit ci-dessus. L'adjudication prononcée sera cette fois définitive, et le prix en figurera
à la Cote.

ART. 67.

Pour les enchères ou surenchères, le courtage
est de un quart pour cent sur la vente et d'un
huitième pour cent sur l'achat.

CHAPITRE II

Négociations d'effets de commerce et de valeurs métalliques.

ART. 68.

Les Agents de change ne peuvent faire aucune
opération de change pour leur compte.

Quand un Agent de change a conclu entre deux
banquiers ou commerçants une négociation d'effets
de commerce ou de valeurs métalliques, il en
donne aux deux parties un arrêté qui constate la
quantité, la nature, l'échéance et le prix desdits
effets ou valeurs, et qui désigne au donneur son
preneur et au preneur son donneur; il porte immédiatement ledit arrêté sur son carnet.

CHAPITRE III

Marchés au comptant

Art. 69.

Les Agents de change sont tenus de se donner réciproquement, pour l'exécution des opérations au comptant, des engagements sur papier libre (de couleur bleue pour les ventes, de couleur rouge pour les achats), lesquels sont échangés avant la bourse suivante.

Art. 70.

Les livraisons des titres entre Agents de change sont accompagnées de bordereaux, lesquels sont assujettis à un droit de timbre au profit de la Caisse commune et syndicale.

Les effets livrés doivent être désignés par nature, quantités, sommes et échéances sur ledit bordereau de livraison, et sont payés sur la présentation de ce bordereau dûment signé.

Art. 71.

Dans le cas où, à la même bourse, des négociations de titres de même nature ont eu lieu au même prix, mais en plusieurs fois entre deux Agents de change, le vendeur peut régler chaque affaire séparément si les engagements ont été échangés en conformité.

Art. 72.

Les opérations au comptant doivent se régler entre Agents de change par un échange de bons verts ou de mandats de virement, et non par le paiement d'une simple différence.

CHAPITRE IV

Marchés à terme

Art. 73.

Les Agents de change sont tenus de se donner réciproquement, pour l'exécution des négociations à terme, des engagements timbrés par la Caisse commune, et signés par l'Agent de change ou par un fondé de pouvoirs. Ces engagements sont échangés avant la bourse qui suit celle de la négociation.

Art. 74.

Les marchés à prime deviennent des marchés fermes, après que l'acheteur a déclaré qu'il entend consolider le marché.

Art. 75.

Immédiatement après la réponse des primes, les commis des Agents de change s'assemblent dans leur cabinet pour pointer toutes les affaires relatives à cette réponse.

ART. 76.

La Chambre syndicale peut autoriser des négociations à primes pour des dates comprises entre les échéances prévues au règlement particulier.

Elle fixe les heures de réponse de ces primes, et, s'il y a lieu, les conditions spéciales qu'elles comportent.

Elle peut également autoriser d'autres modalités de primes. Dans ce cas, la partie à laquelle l'option est réservée fera connaître, aux dates et heures fixées par la Chambre syndicale, si elle entend consolider le marché ou l'abandonner.

CHAPITRE V

Des Escomptes

ART. 77.

L'Agent de change qui exerce la faculté d'escompte doit faire viser par un membre de la Chambre syndicale, en même temps que l'affiche, deux bulletins de ses nom et prénoms, l'un provisoire, l'autre définitif, tous deux répétant les indications de l'affiche.

Ces bulletins ne peuvent porter que la plus petite quantité d'effets autorisée pour les marchés à terme.

Le bulletin provisoire doit être remis le jour même de l'affiche, avant la bourse, à l'Agent de change vendeur.

Art. 78.

Tous les jours, après la bourse, les commis des Agents de change s'assemblent dans leur cabinet pour se passer entre eux les bulletins provisoires d'escompte, en y apposant les endossements avec régularité. Chacun d'eux conserve la note des prix, pour être en mesure de faire les bordereaux de différences entre les cours, et les mettre en recette le lendemain matin. Ce jour-là, avant la bourse, le dernier porteur des bulletins provisoires d'escompte les échange avec l'Agent de change escompteur contre les bulletins de noms définitifs qui lui sont remis par ce dernier, en même temps que les feuilles d'acceptation de transfert, s'il y a lieu.

Les noms définitifs doivent seuls être joints au bordereau de livraison des effets.

Par exception à cette règle, les effets au porteur ou transmissibles par endossement peuvent être livrés le lendemain de l'escompte, sur la présentation des noms provisoires.

Art. 79.

Lorsque le commis d'un Agent de change escompté n'est pas présent à la circulation des noms provisoires, ou refuse de les recevoir, ces noms sont déposés à la Chambre syndicale qui en avise immédiatement le dernier escompté.

L'Agent de change qui a effectué ce dépôt doit, de son côté, en aviser son escompté, afin que ce dernier retire, avant la prochaine bourse, les noms définitifs.

ART. 80.

Dans le cas où les noms définitifs ne sont pas réclamés à l'escompteur primitif avant la bourse qui suit celle de l'escompte, celui-ci s'informe à la Chambre syndicale s'il y a eu dépôt des noms provisoires et remet alors les noms définitifs à l'Agent de change qui a opéré ce dépôt.

ART. 81.

Au cas où le dépôt n'a pas été effectué à la Chambre syndicale, l'escompteur primitif, à qui les noms définitifs ne sont pas réclamés, les fait viser par l'Adjoint de service pour annulation des noms provisoires circulant en mains inconnues et les remet au confrère affiché, lequel est garant de la livraison des effets, sauf son recours contre son escompté, et ainsi de suite.

Un Agent de change escompté indirectement a le droit de livrer la quantité totale de titres qui lui est escomptée.

Il ne peut être tenu de livrer plus que la quantité de titres escomptés par affiche.

ART. 82.

Lorsqu'un compte entre Agents de change se trouve soldé en effets, il ne peut être réclamé, pour différences résultant d'escomptes, une somme qui excède le solde général du compte.

ART. 83.

Le rachat par suite d'escompte est dirigé contre l'Agent de change porteur des noms définitifs. Si ce dernier est inconnu, le rachat s'effectue contre l'escompté directement, sauf son recours contre celui à qui il a rendu l'escompte et ainsi de suite.

ART. 84.

La Chambre syndicale dresse les bordereaux de rachat par suite d'escompte par multiples les plus faibles des quantités négociables à terme.

CHAPITRE VI

Des Rachats et Reventes officiels.

ART. 85.

L'apposition de l'affiche est un avertissement suffisant pour l'Agent de change qui se trouve sous le coup du rachat

Néanmoins, l'Agent de change qui poursuit le rachat aura le soin, le jour même de l'affiche, de prévenir par lettre son confrère, sans que celui-ci puisse exciper de ce qu'il n'aurait pas reçu ledit avis.

ART. 86.

Avis du rachat ou de la revente est donné le

soir même par la Chambre syndicale aux trois
Agents intéressés ; des engagements doivent être
échangés le lendemain, comme pour les négociations ordinaires.

Un bordereau pour chaque opération distincte
est dressé par les soins de la Chambre syndicale.
Il comprend les énonciations d'usage et, de plus,
un droit de courtage de un quart pour cent au
profit de la Caisse commune. Ce bordereau est
présenté à l'Agent de change qui a requis le ministère de la Chambre syndicale, et qui doit acquitter
le montant du courtage, sauf son recours contre
son débiteur.

Art. 87.

L'Agent de change racheté ne peut, en aucun
cas, faire suivre le rachat sur un confrère qui lui
devrait des titres de même nature.

CHAPITRE VII

Liquidations Centrales

Art. 88.

Les Fonds d'État français, les Fonds d'État
garantis par la France, les Emprunts de la Ville
de Paris, les Actions de la Banque de France, les

Actions et Obligations du Crédit foncier de France, les Actions et les Obligations des chemins de fer français dont les titres sont admis à la Cote à terme se liquident une fois par mois.

Toutes les autres valeurs se liquident deux fois par mois.

ART. 89.

Les Agents de change ou leur commis liquidateurs doivent se réunir dans le cabinet affecté à cet usage, chacun des jours de liquidation ou de pointage, à l'issue de la Bourse, à l'effet de pointer ou de compenser entre eux les opérations faites.

ART. 90.

L'acceptation d'une compensation n'est jamais obligatoire.

Les compensations avec toute autre personne qu'un Agent de change sont formellement interdites. La Chambre syndicale peut se faire communiquer, après chaque liquidation, les feuilles sur lesquelles les compensations sont inscrites.

ART. 91.

Les cours de compensation sont fixés à deux heures par l'un des adjoints de service et affichés immédiatement dans la Bourse, dans le cabinet des Agents de change et dans celui de la liquidation.

ART. 92.

Chaque jour de liquidation, il est dressé par

3

chaque Agent de change une feuille contenant le relevé, sans indication de capitaux, des quantités d'effets dont il est acheteur ou vendeur, pour solde, chez chacun de ses confrères.

L'Agent de change qui lève des titres nominatifs en liquidation doit remettre à la Chambre syndicale, en même temps que cette feuille, des noms lorsqu'il s'agit de rentes françaises et d'actions de la Banque de France, ou des acceptations lorsqu'il s'agit d'autres valeurs. Les noms ou acceptations doivent être fournis en tel nombre que chacun d'eux représente la plus petite quantité d'effets négociables à terme.

Les vendeurs doivent remettre, avec la même feuille, un tableau indiquant les valeurs qu'ils ont à livrer et les quantités. Ce tableau leur est rendu le surlendemain avec les noms des acheteurs auxquels ils auront à faire la livraison.

Art. 93.

Le jour du pointage des capitaux, il est établi une feuille donnant seulement, sans mentionner les effets, le solde en capitaux de l'Agent de change avec chacun de ses confrères.

Art. 94.

Les compensations de capitaux, représentées par des chèques, ne sont portées sur cette feuille qu'après leur visa qui, seul, les rend valables. Ces chèques doivent toujours être à l'ordre d'un

Agent de change, de sommes se terminant par trois zéros au moins et faits sur un modèle uniforme adopté et fourni par la Chambre syndicale. Annoncés et reconnus le soir du pointage des capitaux, ces chèques sont rendus acquittés le lendemain.

ART. 95.

Les Agents de change ou leurs commis liquidateurs doivent, avant de pointer, s'assurer réciproquement que les sommes sont bien portées d'accord sur les deux feuilles et faire ressortir le solde définitif, soit en crédit, soit en débit.

ART. 96.

La feuille de capitaux de chaque Agent de change est encore accompagnée d'un tableau récapitulatif indiquant le solde de cette feuille, chèques non compris, et la quantité des effets levés ou livrés avec leur valeur calculée sur le cours de compensation.

Un relevé des soldes en argent qui en résultent est dressé par le Secrétaire général et déposé dans le cabinet de la Compagnie.

ART. 97.

Ces diverses feuilles et tableaux, qui comprennent ainsi le relevé complet de tous les soldes en effets et en capitaux, sont faits sur un modèle uniforme et fournis par la Chambre syndicale;

tous changements de nature à modifier l'ordre établi sont formellement interdits.

ART. 98.

Après que toutes les feuilles ont été vérifiées, pointées, balancées et soldées, elles sont remises le jour même au Secrétaire général.

ART. 99.

Le Secrétaire général fait dresser alors quatre états séparés :

Le premier comprend les valeurs à livrer, avec les quantités et les noms des vendeurs ;

Le deuxième, les valeurs à lever, avec les quantités et les noms des acheteurs ;

Le troisième, les capitaux à payer, avec les noms des débiteurs ;

Le quatrième, les capitaux à recevoir, avec les noms des créditeurs.

Ces tableaux, une fois arrêtés, ne peuvent être modifiés qu'avec l'autorisation de la Chambre syndicale.

Les deux derniers sont communiqués immédiatement à la Banque de France.

ART. 100.

En cas d'erreur et par exception, la feuille de valeurs d'un Agent de change peut être modifiée après le pointage, savoir :

Pour les valeurs nominatives, la veille du pointage des capitaux ;

Pour les valeurs au porteur, le jour du pointage des capitaux.

ART. 101.

⌊Toute demande de changement de feuille doit être faite par une lettre signée des Agents qui le réclament et visée par l'un des adjoints de service

ART. 102.

Elle doit être accompagnée d'un nombre d'engagements timbrés double de celui afférent à la quantité de valeurs indiquée dans le changement ; sauf convention contraire, les deux Agents qui signent la demande de changement de feuille partagent le prix des timbres.

ART. 103.

Les Agents de change ou leurs commis liquidateurs doivent se réunir dans le cabinet de la liquidation, à quatre heures, le jour fixé par l'art. 100, pour procéder aux changements qu'ils ont demandés.

Avis de ces changements est donné le soir même aux Agents intéressés.

ART 104.

Toute livraison en liquidation doit être accompagnée d'un bordereau signé.

ART 105.

La livraison des Rentes françaises doit se faire en titres nominatifs.

Celle des effets au porteur doit toujours être divisée en paquets contenant exactement la plus faible quantité négociable à terme.

Plusieurs paquets peuvent être attachés ensemble avec un seul bordereau.

Chaque livraison doit être ficelée et plombée au chiffre de l'Agent de change livreur.

ART. 106.

Les Agents de change débiteurs en liquidation doivent avoir fait, le jour des règlements, leur versement à la Banque, avant midi, de manière à pouvoir en rapporter le bulletin au Secrétaire général à *midi précis au plus tard.*

Tous les effets doivent lui avoir été livrés à la même heure.

Le Secrétaire général ne fait créditer les comptes à la Banque qu'après que tous les paiements ont été faits et tous les effets livrés.

ART. 107.

L'Agent de change qui n'est pas en mesure de livrer les titres dus par lui en liquidation peut, à titre de tolérance, remettre au confrère qui lui a été indiqué comme devant en prendre livraison, un bon de ces mêmes titres livrables hors liquidation.

Pour que ce bon puisse être reçu purement et simplement, par le Secrétaire général, aux lieu et place des valeurs qu'il représente, il faut :

1° Qu'il porte l'acceptation de l'Agent de change acheteur ou de son fondé de pouvoirs, avec l'indication du délai de livraison ;

2° Qu'il soit accompagné d'un mandat de virement, au nom dudit acheteur, d'une somme égale au prix des titres non livrés, évalués au cours de compensation ;

3° Qu'il y soit joint une quantité d'engagements timbrés représentant le double des titres non livrés.

Art. 108.

L'Agent de change à qui un bon est offert a toujours le droit de le refuser.

Dans ce cas, celui qui ne peut livrer doit en avertir immédiatement le Secrétaire général et lui remettre, au même moment, le bon non accepté, avec le mandat et les engagements timbrés, dans les forme et quantité indiquées ci-dessus.

Le Secrétaire général en réfère aussitôt au Syndic ou aux adjoints de service.

Ces derniers procèdent de suite au rachat officiel des valeurs non livrées, aux risques et périls du retardataire. Ce rachat a lieu sans aucune espèce de formalité.

Art. 109.

En cas de non livraison à l'époque convenue,

l'Agent de change qui a accepté un bon peut faire opérer le rachat des valeurs sans être astreint à aucune formalité.

ART. 110.

La remise des effets ne commence que lorsque le Secrétaire général a reconnu qu'il ne manque rien. Elle s'opère en masse, c'est-à-dire à chaque Agent de change pour la totalité des effets qu'il lève.

Cette remise ne doit s'opérer qu'entre les mains de l'Agent de change lui-même, ou d'un commis muni d'une autorisation spéciale qui comprend le détail des valeurs à recevoir et le spécimen certifié de la signature du mandataire. Elle doit se faire, à tour de rôle, à chaque partie prenante qui s'assure immédiatement que tous les effets lui sont livrés.

L'Agent de change ou son mandataire émarge sur un registre *ad hoc*.

ART. 111.

Deux Agents de change sont désignés à tour de rôle par le Syndic pour surveiller et clore la liquidation.

Ils font un rapport à la Chambre syndicale constatant toutes les irrégularités qui ont pu être commises.

Ils reçoivent un droit de présence fixé par l'art. 169.

ART. 112.

Les commis portés sur le rapport des Agents de change liquidateurs sont passibles d'amendes infligées par la Chambre syndicale.

ART. 113

Le produit de ces amendes forme une masse dont la répartition est faite chaque année par la Chambre syndicale, au profit des commis employés aux liquidations dont le travail a été le plus régulier.

ART. 114.

La Chambre syndicale pourra ne plus admettre aux liquidations centrales tout commis porté plusieurs fois sur le rapport des Agents de change liquidateurs.

ART. 115.

Toutes infractions aux présentes dispositions, ou toutes irrégularités ayant entravé la marche de la liquidation, sont frappées par la Chambre syndicale de telle pénalité qu'elle juge convenable.

CHAPITRE VIII

Des Livraisons et Paiements.

ART. 116.

Le propriétaire d'un titre sorti au tirage ne peut plus le livrer à partir du jour du tirage.

Art. 117.

L'Agent de change qui a satisfait à l'obligation qui lui est imposée par l'art. 48 du décret du 7 octobre 1890 exerce ensuite son recours contre la personne qui lui a remis le titre, et celle-ci de même jusqu'à ce que l'on atteigne le porteur qui a mis primitivement le titre sur le marché.

Art. 118.

L'Agent de change déclaré responsable vis-à-vis de son confrère doit le rendre indemne de tous ses déboursés, y compris les honoraires. Il est, à cet égard, personnellement responsable ; il exerce, à ses risques et périls, son recours contre son propre donneur d'ordre.

Art. 119.

L'Agent de change qui a vendu une valeur dont le transfert ne nécessite pas d'acceptation peut opérer le transfert aux noms de son confrère acheteur dès le lendemain de la négociation.

L'Agent de change vendeur d'effets transmissibles par voie de transfert a toujours le droit, pour hâter le règlement d'une négociation, de refuser de transférer à des noms autres que ceux de son confrère acheteur.

Art. 120.

Si l'Agent de change acheteur d'effets transmissibles par voie de transfert prie son confrère vendeur d'accepter, au lieu des noms ou acceptations, qu'il aurait fournis lui-même, les noms ou acceptations fournis par un autre Agent de change auquel il aurait eu à son tour à transférer les mêmes effets, le vendeur a le droit de présenter la livraison et de réclamer le paiement directement à l'Agent de change avec lequel il a contracté.

Il peut, s'il le préfère, présenter la livraison à l'Agent de change qui lui a été délégué, en conservant son recours pour le paiement du prix de la vente contre son acheteur direct.

Dans ce cas, le prix qu'il reçoit sert ensuite de cours de compensation pour les négociations intermédiaires.

Art. 121.

Les livraisons et paiements entre Agents de change ont lieu tous les jours de bourse, de neuf heures du matin à une heure.

Art. 122.

Tous les mandats délivrés par eux sur la Banque de France doivent pouvoir être acquittés par cette dernière le jour même.

Art. 123.

Les remises d'espèces, billets ou chèques sur la Banque sont interdites entre Agents de change, à moins qu'elles ne puissent être reçues personnellement par le confrère créancier ou son fondé de pouvoirs.

ART. 124.

En paiement des livraisons au comptant qui sont effectuées chaque matin dans la salle des livraisons de la Chambre syndicale, les Agents de change se remettent des Bons signés par eux ou leurs fondés de pouvoirs.

ART. 125.

Ces Bons sont délivrés par la Chambre syndicale et payés de la même façon que les timbres de la caisse commune. Ils doivent être remplis d'avance d'une façon identique sur chacune des trois parties qui les composent.

Ils sont remis au fur et à mesure de leur délivrance au bureau des comptes-courants, qui les inscrit successivement au crédit et au débit de chaque Agent de change.

ART. 126.

Le solde résultant de la balance du compte de chaque Agent de change est indiqué au représentant de ce dernier qui, s'il est débiteur, remet séance tenante un mandat sur la Banque de France.

Le bureau des comptes-courants établit une feuille collective des Agents créditeurs ; cette feuille est remise par la Chambre syndicale à la Banque, appuyée d'un mandat total, et le compte de chacun de ces Agents est alors crédité directement par la Banque de France.

Un mandat spécial de couleur jaune et portant tout imprimés ces mots : « Caisse commune et syndicale des Agents » a été créé par la Banque de France pour le service exclusif de l'opération ci-dessus.

ART. 127.

Le bureau des comptes-courants remet en même temps à chaque Agent de change la copie de son compte-courant qui relate toutes les opérations de la journée.

Il conserve les Bons pour pouvoir pointer au besoin, et les rend le lendemain frappés d'une estampille.

ART. 128.

Le même bureau établit la balance générale. Il en dresse deux états dont l'un est déposé dans ses archives après avoir été revêtu de la signature des deux adjoints de service ; l'autre est porté à la Banque le jour même et rendu par elle le lendemain, avec un visa attestant que cette balance est bien conforme à celle des mandats jaunes qui lui ont été présentés dans la journée correspondante.

ART. 129.

Les erreurs dûment constatées sont redressées le soir même ou le lendemain par un bon rectificatif.

ART. 130.

Pour les livraisons opérées à domicile, les Agents de change devront se remettre des mandats bleus de virement sur la Banque, toutes les fois que la somme à payer sera supérieure à 100 fr.

TITRE III

Cote du cours des valeurs

Art. 131.

La Chambre syndicale, sous l'autorité du Ministre des finances, et dans les conditions du premier paragraphe de l'art. 80 du décret du 7 octobre 1890, accorde, refuse, suspend l'inscription à la Cote officielle, au comptant et à terme, de toutes les valeurs autres que les Fonds d'Etat français.

Elle peut également, si elle le juge convenable, prononcer la radiation d'une valeur dejà inscrite à la Cote officielle.

Art. 132.

Lorsqu'il est reconnu par la Chambre syndicale que la cote d'une valeur est commandée par l'intérêt général, elle peut, d'office, prononcer son admission au comptant et à terme.

Elle peut refuser la radiation d'une valeur déjà inscrite à la Cote officielle.

Art. 133.

La Chambre syndicale arrête l'ordre dans lequel les valeurs sont mentionnées sur le Bulletin de la Cote.

Art. 134.

La Chambre syndicale décide également quelles sont les valeurs qui, aux termes du deuxième paragraphe de l'art. 80 du décret du 7 octobre 1890, peuvent figurer à la deuxième partie du Bulletin de la Cote.

Art. 135.

Les variations des cours des marchés au comptant ne peuvent être exprimées que : par 2 centimes 1/2 ou les multiples sur les rentes françaises ou étrangères; — par 0 fr. 50 ou les multiples sur les actions au dessus de 300 fr.; — par 25 centimes ou les multiples sur toutes les obligations, de quelque nature qu'elles soient, quels qu'en soient les cours, et sur les actions dont le cours est de 300 fr. et au-dessous.

Art. 136.

Les variations des cours des marchés à terme ne peuvent être exprimées que par 2 centimes 1/2, ou les multiples, sur les rentes françaises ou étrangères; — par 1 fr. 25 ou les multiples sur les actions et les obligations.

Art. 137.

Les cours de reports conclus du comptant à la liquidation ou d'une liquidation à l'autre, doivent, au moment où ils sont arrêtés, être inscrits sur un registre spécial. Les cours ne sont définitifs qu'après cette inscription.

ART. 138.

Les variations des cours de reports ne peuvent être exprimées que par 1 centime ou les multiples sur les rentes ; — par 5 centimes ou les multiples sur les actions et obligations.

ART. 139.

Le président de la Cote à terme peut, en cas de contestation, fixer les premiers et derniers cours sans recourir au vote.

ART. 140.

A l'issue de la rédaction de la Cote à terme des valeurs figurant à la partie officielle, les Agents de change qui ont négocié à terme des valeurs figurant à la deuxième partie de la Cote annoncent les cours qu'ils ont pratiqués.

ART. 141.

Immédiatement après la clôture du Parquet, il est dressé un tableau donnant le cours moyen de tous les effets cotés au comptant pendant la bourse.

Ce tableau est, par les soins de la Chambre syndicale, affiché dans le cabinet des commis et dans l'intérieur de la Bourse.

Art. 142.

La commission de la cote des changes est composée de quatre membres de la Compagnie et de deux adjoints désignés chaque année par la Chambre syndicale. Deux de ses membres sont de service à tour de rôle, sous la présidence de l'un des deux adjoints.

Aucun membre de cette commission n'en peut faire partie pendant plus de quatre ans consécutifs.

Art. 143.

Les commissaires se réunissent dans le cabinet de la Compagnie, à l'issue de la bourse, et dressent la cote du jour. Ils en signent la minute sur un registre spécial. Ce registre constate, en même temps, leur coopération, pour laquelle ils reçoivent le droit de présence fixé par l'art. 169.

Art. 144.

Les membres de la Commission de la cote des changes peuvent seuls certifier les comptes de retour. Leur signature est légalisée par deux adjoints au Syndic.

Les courtages acquis de ce chef sont perçus par les soins du Secrétaire général, pour le compte de la Compagnie.

TITRE IV

Caisse commune.

CHAPITRE Iᵉʳ.

Fonds commun.

ART. 145.

Le recouvrement de la portion de courtage affectée comme principale branche de revenu à la Caisse commune, se fait au moyen de l'application du timbre de la Compagnie sur les engagements et bordereaux.

ART. 146.

Ces engagements, bordereaux et carnets sont délivrés par la Caisse commune, sur la présentation de deux feuilles de demande, dont l'une est signée par l'Agent de change et l'autre par le Secrétaire général après livraison des engagements contre versement du prix.

ART. 147.

Le tarif du prix des engagements à terme, des bordereaux de livraison au comptant et des carnets, est fixé par des délibérations de la Compagnie réunie en assemblée générale.

ART. 148.

L'acheteur au comptant rembourse la moitié du droit de timbre au vendeur, qui en a fait l'avance, pour pouvoir dresser son bordereau de livraison.

ART. 149.

Les bordereaux de livraisons par suite d'escompte ne sont pas passibles du droit de timbre de la Caisse commune.

Il en est de même pour les livraisons faites en liquidations centrales.

ART. 150.

Les carnets pour l'usage du parquet sont tous uniformes ; ils contiennent chacun cinquante feuillets ; chaque feuillet est numéroté et contient dix lignes au recto et dix lignes au verso. La première et la dernière page portent l'empreinte du timbre de la Chambre syndicale.

Les carnets des commis principaux sont établis dans les mêmes conditions ; la couleur en est différente extérieurement.

ART. 151.

Aucun changement de noms ne peut être fait sur les carnets ; toute affaire inscrite est définitive entre les contractants ; dès l'instant de son inscription, elle donne lieu à un engagement, et, conséquemment, au paiement du droit de timbre.

ART. 152.

Les pensions, secours, dons, etc., sont payés par le Secrétaire général, conformément aux délibérations qui les ont autorisés.

ART. 153.

La répartition des produits de la Caisse commune est faite aux liquidations centrales des 31 mai et 30 novembre de chaque année.

Le chiffre en est fixé par la Chambre syndicale.

ART. 154.

La portion de dividende revenant à chaque titulaire ne lui sera délivrée que sous déduction et jusqu'à due concurrence des avances qui lui auraient été faites sur le fonds commun, attendu que le dividende à répartir, ainsi que les créances à recouvrer, restent le gage privilégié et exclusif desdites avances.

CHAPITRE II

Fonds de réserve

ART. 155.

Le fonds de réserve est fixé à cent mille francs par Agent de change.

CHAPITRE III

Disposition du Fonds commun et du Fonds de réserve

Art. 156.

Les placements temporaires des fonds de la Caisse commune et du fonds de réserve s'effectuent par les soins de l'adjoint qui préside la commission de comptabilité, conformément aux décisions de la Chambre syndicale.

Art. 157.

Les avances faites par la Caisse commune, conformément aux art. 5 et 6 du règlement particulier, sont productives d'un intérêt dont le taux est fixé par la Chambre syndicale.

Art. 158.

Les sommes dont il aura été disposé, conformément auxdits articles, seront payées de la manière fixée aux délibérations y relatives, et sur les ordonnancements du Syndic.

Art. 159.

Dans le cas où les dispositions faites sur le fonds de réserve donnent lieu à des stipulations de restitution, la Chambre syndicale prend toutes les sûretés possibles pour que la restitution s'opère dans les délais convenus.

Art. 160.

A l'expiration du délai de six mois fixé par l'art. 6 du règlement particulier, le nom de l'Agent de change assisté pourra être officiellement porté à la connaissance de la Compagnie.

CHAPITRE IV

Service des Trésoreries générales

Art. 161.

Il a été créé à la Chambre syndicale, en exécution d'une décision du Ministre des finances du 21 août 1862, un bureau destiné à centraliser et à exécuter tous les ordres d'achats et de ventes, transferts ou conversions, de valeurs et fonds d'Etat français confiés à MM. les Trésoriers-Payeurs généraux par les habitants des départements.

Art. 162.

Ce bureau fonctionne sous le contrôle du ministère des finances, et le règlement de toutes ses opérations s'effectue au Trésor, à l'aide des comptes-courants des Trésoriers-Payeurs généraux qui ont transmis les ordres.

Art. 163.

Le bénéfice de cette disposition a été étendu aux habitants du département de la Seine et de la ville de Paris, à la condition de faire transmettre leurs demandes, par l'intermédiaire de M. le Caissier-Payeur central du Trésor, à la caisse duquel sont réglées directement les opérations.

ART. 164.

Les produits du bureau des Trésoreries générales sont versés à la Caisse commune, et se trouvent ainsi répartis entre toutes les charges.

CHAPITRE V

•

Fonds spécial de garantie pour le service des Trésoreries générales

ART. 165.

Le fonds spécial de garantie pour le service des Trésoreries générales, fixé à la somme minimum de 600,000 fr., a été formé au moyen d'une retenue de 20 % sur les bénéfices nets de ce service.

ART. 166.

Cette somme est employée en rentes françaises, dont les arrérages s'ajoutent à la précédente dotation.

ART. 167.

Au-dessus de la somme fixée par l'art. 165, le prélèvement sur les bénéfices cesse, et la réserve ne s'augmente plus qu'au moyen des intérêts des rentes dudit fonds. Cet accroissement par les intérêts cesse aussitôt que le fonds de réserve a atteint la somme de un million.

Il ne serait repris que dans le cas où le capital des rentes de ce fonds serait réduit à une somme inférieure à un million.

CHAPITRE VI

Jetons de la Compagnie

ART. 168.

La Caisse commune fait frapper des jetons au nom de la Compagnie.

Ces jetons sont en argent ; leur valeur est fixée à cinq francs.

ART. 169.

Les jetons sont spécialement affectés à régler les droits de présence pour les divers services intérieurs de la Compagnie.

Ces droits sont fixés comme suit :

1° Chaque fois que la Chambre syndicale s'assemble, le Président reçoit quatre jetons, et chacun des assistants, deux jetons ;

2° Le Syndic et les adjoints de service reçoivent chacun quatre jetons par jour ;

3° Pour les Assemblées générales, chaque membre présent reçoit deux jetons ; pour chaque réception d'un nouvel Agent de change, le droit est de quatre jetons.

Les membres du bureau reçoivent toujours le

double des allocations ci-dessus, et le Président, le quadruple.

4° Chaque fois que la Commission de comptabilité s'assemble, le Président reçoit huit jetons, et chacun des assistants, quatre jetons ;

5° Pour chaque réunion de la Commission de la cote des changes et des matières d'or et d'argent, le Président reçoit quatre jetons, et chacun des assistants, deux jetons ;

6° Les deux Agents de change de service à chaque liquidation centrale reçoivent chacun quatre jetons.

ART. 170.

La Chambre syndicale, lorsqu'elle le juge convenable, alloue des jetons, à titre de rémunération, de gratification, de secours, d'acte de munificence, etc. etc.

CHAPITRE VII

Caisse de Dépôts

ART. 171.

Il est joint à la Caisse commune une caisse spéciale de dépôts.

Cette caisse est destinée, notamment, à recevoir les valeurs que les anciens bailleurs de fonds intéressés d'Agent de change laisseront en garantie de leur part des risques qui incombent aux Agents de change pour la négociation et le transfert des valeurs.

ART. 172.

Tous les dépôts sont constatés par un procès-verbal signé du Syndic et du déposant, et inscrits sur un registre spécial.

Tous les retraits sont constatés sur le même registre, en marge, ou à la suite du procès-verbal de dépôt.

CHAPITRE VIII

Service des Oppositions et du Contentieux

ART. 173.

Un bureau spécial est chargé de recevoir les oppositions notifiées, par ministère d'huissier, à la Chambre syndicale, concernant les titres au porteur perdus, volés ou détruits, dans les conditions déterminées par la loi du 15 juin 1872 et le règlement d'administration publique du 10 avril 1873.

Ce service procède à l'inscription des titres ainsi frappés d'opposition, dans le *Bulletin officiel* publié par les soins de la Chambre syndicale, conformément à ladite loi.

Il délivre les certificats constatant la publication pendant les délais exigés pour la délivrance des duplicata.

Il procède à la radiation d'office des titres, et à l'examen des actes de main-levée fournis dans l'une des formes prescrites par l'art. 6 du règlement d'administration publique précité.

Art. 174.

Ce bureau s'occupe également des réclamations relatives aux valeurs irrégulières, à celles insérées au *Bulletin officiel des Oppositions*, amorties, falsifiées, etc., et il est chargé des affaires d'opposition dont les Agents de change saisissent la Chambre syndicale, *à titre officieux,* au nom de leurs clients ; il suit ces affaires devant les tribunaux, aux risques et périls de qui de droit, lorsqu'elles ne se terminent pas à l'amiable.

Art. 175.

Ce même bureau est chargé, en outre, de suivre toutes les affaires contentieuses pour les Agents de change qui lui en font la demande.

CHAPITRE IX

Service des Coupons

Art. 176.

Les Agents de change ont la faculté de s'adresser à la Chambre syndicale pour l'encaissement des coupons qu'ils ont à toucher.

Art. 177.

Tous les coupons présentés à l'encaissement doivent être frappés au dos d'une estampille portant le numéro de l'Agent de change déposant, au moyen d'un timbre-numéroteur fourni par la Chambre syndicale.

ART. 178.

Un bordereau sommaire suffit pour déposer les coupons à la Chambre Syndicale, sans qu'il soit besoin de classement ni de liste des numéros.

Une fiche récapitule le montant de tous les bordereaux remis au même moment par le même Agent de change, de manière à ce que l'addition de la fiche concorde avec le mandat général donné par la Chambre Syndicale.

ART. 179.

Le paiement de ces coupons par la Chambre syndicale a lieu dans les 48 heures du dépôt, au moyen de Bons de compensation roses créés spécialement pour ce service, tout paiement en espèces étant formellement interdit.

Toute erreur devra être réparée à la première réquisition.

CHAPITRE X

Service des Dépôts de titres au porteur à la Banque de France.

ART. 180.

Par suite d'un traité intervenu entre la Chambre syndicale et la Banque de France, celle-ci ouvre aux Agents de change une caisse spéciale pour leurs dépôts de titres au porteur.

ART. 181.

Ces dépôts, de même que les retraits, sont toujours faits directement à cette Caisse par les Agents de change, sans que jamais les titres passent par les mains de la Chambre syndicale.

Ces dépôts sont constatés par un reçu délivré au nom et pour compte de la Chambre syndicale.

ART. 182.

Les dépôts doivent être toujours et invariablement de 25 titres pour les Actions et Obligations, et pour les Rentes étrangères de la plus petite quantité négociable à terme.

ART. 183.

Contre le reçu émanant de la Banque de France, la Chambre syndicale délivre un récépissé endossable frappé de son timbre et revêtu de trois signatures.

ART. 184.

Pour retirer les titres, le bénéficiaire du dernier endos, qui doit toujours être un Agent de change, n'a qu'à envoyer son récépissé, dûment acquitté, à la Chambre syndicale, qui remet aussitôt en échange le reçu correspondant de la Banque de France, après l'avoir elle-même acquitté, de manière que le porteur n'a plus qu'à présenter ce reçu à la Banque de France pour obtenir les titres.

ART. 185.

La Chambre syndicale se charge de retirer à chaque échéance, de la Banque de France, les coupons en nature. Les coupons de valeurs étrangères sont tenus par elle à la disposition des porteurs des récépissés endossables correspondants, avec faculté pour ces porteurs de choisir entre le retrait desdits coupons en nature ou le paiement de leur valeur en argent.

Toutefois, la Chambre syndicale ne peut être obligée de conserver les coupons en nature plus de quinze jours après leur échéance.

Les paiements de coupons par la Chambre syndicale ne peuvent se faire qu'en bons de compensation, pour les Agents de change, et en mandats sur la Banque de France, pour les clients.

ART. 186.

La Chambre syndicale se charge de faire opérer par la Banque de France les versements appelés sur les titres non libérés, à la double condition :

1° qu'elle aura été couverte préalablement ;

2° que la somme ainsi versée sera suffisante pour libérer tous les titres compris dans le même récépissé, aucun à-compte ne pouvant être reçu partiellement.

Les mêmes dispositions sont applicables aux souscriptions, avantages ou opérations quelconques, auxquels il ne sera jamais procédé qu'à la demande expresse du bénéficiaire de l'endos.

ART. 187

La Chambre syndicale n'a pas à faire la vérification des titres sortis aux tirages, ni à prévenir qui que ce soit de la sortie de ces titres.

ART. 188.

Au cas où il se produirait des oppositions, des revendications, des significations ou une difficulté quelconque relativement à tels ou tels titres déposés, la Chambre syndicale devra en informer, dès qu'elle le sera elle-même, l'Agent de change qui a fait le dépôt primitivement, et ce dernier devra prendre les lieu et place de ladite Chambre syndicale, à ses risques, périls et frais, sans que celle-ci puisse jamais rester personnellement responsable, ni subir une perte ou des frais quelconques.

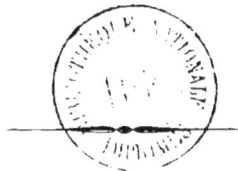

TABLE DES MATIÈRES

DÉCRET

PORTANT

RÈGLEMENT D'ADMINISTRATION PUBLIQUE

DU 7 OCTOBRE 1890

RÈGLEMENT PARTICULIER

RÈGLEMENT INTÉRIEUR

---

www.ingramcontent.com/pod-product-compliance
Lightning Source LLC
Chambersburg PA
CBHW070939280326
41934CB00009B/1947